LE

CHINA-GRASS

Etude raisonnée de ce nouveau textile au point de vue de son acclimatation, de sa culture et de son emploi industriel.

DU JUTE, DU LIN DU JAPON

Et autres textiles également propres à un emploi industriel,

PAR ALEXANDRE THIBAULT

Directeur-Gérant de la société : A. THIBAULT ET Cᵉ.

PRIX : UN FRANC

NIMES

DE L'IMPRIMERIE CLAVEL-BALLIVET & Cᵉ

12, rue Pradier, 12.

MARS 1866

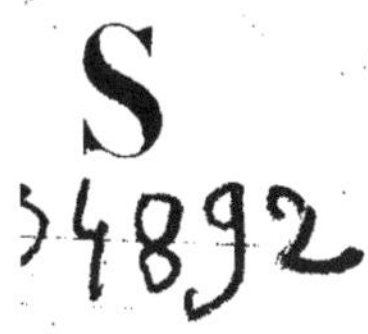

LE
CHINA-GRASS

Etude raisonnée de ce nouveau textile au point de vue de son acclimatation, de sa culture et de son emploi industriel.

DU JUTE, DU LIN DU JAPON

Et autres textiles également propres à un emploi industriel,

PAR ALEXANDRE THIBAULT

Directeur-Gérant de la société : A. THIBAULT ET Cᵉ.

NIMES
DE L'IMPRIMERIE CLAVEL-BALLIVET & Cᵉ
12, rue Pradier, 12.

MARS 1866

AVANT-PROPOS

L'attention générale et l'intérêt soutenu avec lesquels la question du China-Grass industriel a été étudiée et est encore suivie par tous ceux qui doivent en tirer parti, m'ont engagé à offrir aux personnes intéressées tous les renseignements que j'ai pu recueillir à ce sujet.

Je n'ai point la prétention d'avoir fait un ouvrage scientifique. J'ai cherché seulement la clarté, les données exactes, en fournissant des appréciations impartiales.

Puisse cet opuscule être utile au plus grand nombre de mes lecteurs; trop heureux serai-je s'il contribue à développer la culture du China-Grass, et à enrichir l'agriculture et l'industrie en amenant sur le marché un nouvel élément de production et d'échange! L'industrie de la soie, en souffrance depuis nombre d'années, trouvera dans la fantaisie de China-Grass un auxiliaire puissant pour les mélanges.

Cette brochure s'adresse aux cultivateurs et propriétaires ruraux, qu'elle éclairera sur les soins à donner pour l'acclimatation de la plante, ainsi qu'aux industriels, pour leur développer tout le parti qu'ils pourront tirer des nombreux emplois auxquels se prêtent les filés divers de China-Grass.

Je prie, en terminant, les personnes qui nous ont soutenu de leurs encouragements et de leurs conseils d'accepter ici l'expression de notre sincère gratitude. Interprète fidèle des sentiments de mes co-associés, je me joins à eux et remercie de cœur tous ceux qui ont pris part à cette œuvre éminemment nationale.

A. THIBAULT,

Directeur-Gérant de la société A. THIBAULT & C°.

CHAPITRE PREMIER.

Historique des études faites sur le China-Grass et autres matières textiles pour en extraire industriellement une matière propre à la filature.

De tous temps, les travaux du monde savant ont été dirigés sur l'acquisition de nouvelles matières textiles, et leur appropriation à l'industrie de la filature.

Ces dernières annés, la cruelle guerre d'Amérique, privant le continent européen de la majeure partie du coton dont il a si grand besoin pour l'alimentation des nombreuses usines créées pour son emploi, a amené un redoublement d'ardeur chez les chercheurs intrépides qu'une suite d'insuccès n'avait pu décourager.

Bien avant la crise cotonnière, on avait, il est vrai, cherché un rival au roi coton; mais ces essais ne trouvaient que des indifférents et même des incrédules.

Comment, en effet, admettre que l'on pût,

aux mêmes conditions de bon marché et d'abondance, fournir une matière textile qui réunît toutes les merveilleuses qualités du coton, qui sont : finesse, longueur régulière, souplesse. ténacité satisfaisante et facilité extrême à prendre la teinture. On sait également que le filage du coton est beaucoup plus aisé que celui des autres textiles.

La rareté croissante du coton et son prix élevé ont déterminé les savants et les industriels à ne pas abandonner ces utiles recherches en s'attaquant énergiquement aux difficultés qui paraissaient insurmontables.

Les chimistes ont porté leurs études sur certaines plantes dont l'emploi paraissait impossible.

Beaucoup ont réussi à en extraire des matières propres à la filature et à recevoir de solides teintures. Mais ces essais de laboratoire n'étaient pas pour la plupart industriels ; le prix de revient trop élevé effrayait les consommateurs, et force était d'abandonner des essais que l'expérience pratique n'avait pu confirmer faute d'aliment suffisant.

Les plantes qui ont été l'objet d'études sont nombreuses et d'origine diverse. Les principales sont : le Bambou de Chine, le Lin de la Nouvelle-Zélande, le Sparte d'Espagne, le Dyss et l'Alfa du nord de l'Afrique, le Palmier-nain de l'Algérie. le Chanvre de Manille, le Mûrier à papier ou Papyrier originaire de l'Egypte et de l'Anatolie, le Mûrier d'Espagne, le Lin du Japon et le China-Grass qui croissent dans tout l'Orient du continent asiatique; le Jute, le Pitre, le Phormium, l'Aloès, l'Abutilon et le Chanvre géant qui sont cultivés dans les pays chauds, et principalement dans les Indes et les îles du grand Océan, etc., etc.

Entre toutes ces plantes, le China-Grass a été l'objet d'études poursuivies avec une grande suite, j'oserai même dire avec acharnement.

Il y a longtemps que l'ortie textile (China-Grass en anglais) est connue et employée dans l'industrie du tissage.

Sous le règne d'Elisabeth, en Angleterre, le botaniste Lobel racontait déjà qu'aux Indes, à Calicut et à Goa, on fabriquait, avec une espèce d'ortie, des tissus très délicats. Plus tard, ces fines étoffes furent envoyées en Europe, et particulièrement estimées en Hollande, où elles donnèrent leur nom à la mousseline qui s'appelle en hollandais *neteldoeck* (de *netel*, ortie, et *doeck*, étoffe).

Ce n'est cependant qu'en 1844 que la plante elle-même fut introduite pour la première fois en France. A cette époque. M. Leclancher, chirurgien de la corvette *la Favorite*, trouva, en Chine, à 120 kilomètres environ de l'embouchure de la rivière de Nankin, des cultures de cette plante, dont il envoya des graines au Muséum d'histoire naturelle, avec la note suivante :

« Cette ortie est cultivée en petits carrés dans les terrains légèrement humides qui bordent les rivières. Chaque habitation en cultive pour son usage. On enlève les feuilles, qui tiennent fort peu ; on fait rouir dans une auge les paquets de tiges. L'eau prend une couleur brune. Les femmes enlèvent la peau, que l'on fait rouir de nouveau pendant peu de temps ; puis, passant chaque lanière sur un instrument de fer ayant la forme d'une large couge de charpentier, elles enlèvent la pellicule extérieure. La lanière fibreuse, d'un blanc verdâtre, est mise à sécher sur un bambou. Il est probable que, pour faire les tissus fins que l'on vend à Macao sous le nom de Grass-Cloth ou Lienzo, cette espèce de chanvre est peignée. Le filage doit être fait avec les rouets en bambou qui servent aussi pour le coton. Sec, ce chanvre est d'un blanc nacré, très beau et très fort. La plante croîtrait bien sur les revers des fossés en France, aux environs de Cherbonrg et dans le Midi. »

En 1844, lorsque M. Leclancher eut envoyé des graines d'herbes de Chine au Muséum, M. Decaisne, frappé de l'importance que les Hollandais semblaient déjà attacher aux essais de culture du China-Grass, fit des expériences à la suite desquelles il publia un intéressant mémoire qui excita vivement l'attention publique. (Paul Dalloz, *Moniteur universel.*)

C'est donc à M. Decaisne que revient le mérite d'avoir le premier signalé à l'industrie française les qualités extraordinaires de l'ortie de Chine ou China-Grass.

Un des premiers industriels qui l'aient travaillé est M. Marshall, à Leeds (Angleterre); ses essais remontent à vingt-cinq ans environ. Après vingt ans d'efforts, il a renoncé à cette industrie, faute de résultats satisfaisants.

Une société s'est constituée à Leeds (Yorkshire); elle fonctionne depuis plusieurs années et son but est la désagrégation et le peignage du China-Grass. Un homonyme du grand filateur de lin, M. Marshall, file la matière qu'ils ont préparée. Son usine est la seule en Angleterre qui fasse des filés purs de China-Grass. Le surplus des produits de l'usine de Leeds est vendu aux filateurs de laine de Bradfort. On l'emploie également pour les mélanges de poil de chèvre et d'alpaga, etc.

Ces temps derniers, une autre usine s'est établie à Leeds pour la désagrégation du même textile.

Il est à présumer que les systèmes employés dans ces deux usines sont peu industriels, ou tout au moins que les chefs de ces établissements veulent prélever un énorme bénéfice; car, avant la hausse énorme de la matière première, le China-Grass simplement désagrégé et peigné était coté de 4 shellings à 5 shellings 6 deniers la livre anglaise (455 grammes), ce qui donne en mesures françaises de 1,099 fr. à 1,505 fr. 50 les 100 kilogrammes. Prix trop élevé et qui explique le peu de développements que cette industrie a pris malgré tous les avantages qu'elle doit procurer.

A l'Exposition universelle de Londres, en 1851, figuraient de remarquables tissus fabriqués avec les fibres du China-Grass.

Aux Etats-Unis d'Amérique, cette question rencontra de nombreux adeptes, et, malgré la concurrence du coton, on tenta d'utiliser toutes les fibres végétales en les cotonnisant. A la suite de ces travaux, parût une brochure intitulée *le Fibrilia*, substitut pratique et économique du coton. Cette brochure fut traduite en français par M. H. Vattemare. S. Exc. le Ministre de l'agriculture, du commerce et des travaux publics, en adressa, le 31 juillet 1861, un exemplaire à la Chambre de commerce de Rouen. Tout le monde sait que Rouen est la patrie par excellence de l'industrie cotonnière. Ce travail excita vivement l'attention de la Chambre de commerce, et, le 7 novembre 1861, elle écrivait à S. Exc. M. le Ministre : « Que le seul moyen de soustraire l'industrie cotonnière aux vicissitudes politiques, de quelque nature qu'elles soient, serait de créer une matière indigène facile à produire et suffisamment abondante. *Le Fibrilia*, ou la cotonnisation des fibres textiles de toute espèce de plantes, serait plus qu'un expédient pour la situation, ce serait une véritable révolution pour l'avenir. Les difficultés de temps, de lieux, de climat, seraient désormais supprimées, le champ de l'approvisionnement n'aurait plus de limites, l'expansion de l'industrie textile s'opèrerait dans la même proportion, et, par le bas prix, les débouchés acquerraient un développement incalculable. »

Cet appel, si explicite, au génie des découvertes demeura sans écho. Pourtant, à la fin de cette année 1861, M. Emile Nourrigat, propriétaire à Lunel, adressa à la Chambre de commerce de Rouen un échantillon de son produit, appelé par lui soie végétale. Le 21 janvier 1862, la Chambre de commerce lui accusa réception de son envoi, avec les observations suivantes : « Après avoir examiné votre échantillon avec le plus grand soin, nous reconnaissons tout d'abord :

» 1° Que l'échantillon est trop petit, 1 kilogramme est insuffisant pour des expériences concluantes ; il en faudrait au moins 100 kilogrammes.

» 2° Le prix de revient est trop élevé. Plus ce prix sera bas, plus le mérite sera grand et le succès assuré.

» 3° La matière que vous nous avez présentée est rigide, dépourvue d'élasticité, et par conséquent limitée dans l'emploi qu'on en peut faire. De plus, les filaments étant en quelque sorte feutrés ensemble, ils doivent nécessairement être difficiles à désagréger, et par suite susceptibles d'être rompus, ce qui est toujours un grave inconvénient dans l'opération de la filature ; mais la difficulté la plus grande serait d'amener les fibres à un parallélisme satisfaisant, même à l'aide du peignage, etc., etc. »

D'après les observations ci-dessus, il est à croire que cette matière était de la soie du mûrier, ou écorce de mûrier à soie désagrégée. Cette matière est rebelle à tout travail industriel ; on en a bien extrait de belles fibres textiles, mais à grands frais, et le résultat n'était pas satisfaisant, une partie du ligneux adhérant encore en fibrilles très raides à la filasse produite.

L'honorable M. Boyer, pharmacien à Nimes, si connu pour son dévoûment pour l'instruction des classes laborieuses et la diffusion de la science, a préparé, en 1862 et 1863, quelques échantillons de fibres végétales réunissant de solides qualités. Mais il n'a pas tardé à reconnaître que ses essais étaient forts coûteux et très longs, et partant nullement industriels.

M. A. Chevalier, de Manchester, offrit à la Chambre de commerce de Rouen, en décembre 1864, des échantillons de fibres indigènes qu'il annonce n'être ni lin ni chanvre, et susceptibles d'une grande culture sous un traitement convenable. Le 7 janvier 1865, la Chambre de commerce de Rouen lui répondit : « Qu'après un examen sérieux, il ne paraissait pas possible de tirer un parti avantageux des divers spécimens cotonnisés qu'il lui avait adressés. Les échantillons sont courts, rigides, boutonneux, et non suffisamment désagrégés. »

M. Terwagne, de Lille, adressa à la même Chambre de commerce, le 16 août 1863, une lettre renfermant deux petits échantillons de China-Grass ou ortie textile, l'un brut et l'autre blanchi. Frappée de la beauté de cette matière, et pensant qu'elle pouvait présenter de l'intérêt pour l'industrie locale, la Chambre de commerce de Rouen invita, le 22 août 1863, par la voie des journaux, les manufacturiers de sa circonscription à en faire l'examen. Cet avis, reproduit par différents journaux de Paris et des départements, amena MM. Mallard, de Roubaix, et Bonneau, de Lille, à revendiquer, par leur lettre du 24 août 1863, la priorité de l'invention. Cette lettre, adressée à la Chambre de commerce de Rouen, annonçait qu'ils se mettaient à la disposition de la Chambre pour faire toutes les études et tous les essais qu'elle jugerait convenables, en vue d'arriver à l'utilisation du China-Grass sur les métiers qui travaillent le coton. Ces Messieurs informaient également la Chambre de Rouen que des études semblables se poursuivaient par les soins de la Chambre de commerce de Lille, dans le but de rechercher l'appropriation de cette même matière aux machines spéciales à la région roubaisienne.

Ici la question prend de l'intérêt ; rien n'est négligé de part et d'autre pour arriver à un résultat : les spécimens adressés par MM. Mallard et Bonneau étant insuffisants pour établir une appréciation raisonnée, la Chambre de Rouen écrivit, le 29 août 1863, à S. Exc. M. le Ministre de l'agriculture, du commerce et des travaux publics, pour obtenir une quantité suffisante de matière pour développer les études qu'elle avait en vue, et une notice sur la culture et la production de la plante.

S. Exc. M. le Ministre adressa, le 18 septembre 1863, à la Chambre de Rouen, un ballot de fils et tissus obtenus avec l'ortie de Chine. A cet envoi était jointe une note concernant cette plante et un extrait d'un rapport de la Chambre de commerce de Lille, au sujet des essais tentés sur cette matière.

Une correspondance suivie s'établit entre la Chambre de commerce de Rouen et MM. Mallard et Bonneau. Ces Messieurs lui adressèrent, le 19 décembre 1863, un petit ballot contenant 1 kilogramme 700 grammes de China-Grass désagrégé et préparé pour être mélangé par moitié avec du coton d'Egypte. Deux membres de la Chambre de Rouen, MM. Bertel et A. Cordier, se chargèrent d'expérimenter sur cet échantillon. Les observations faites à la filature, au tissage et à l'impression furent l'objet d'un rapport présenté par M. A. Cordier à la Chambre de commerce, dans sa séance du 14 avril 1864.

Ce rapport, très flatteur pour MM. Mallard et Bonneau, fut approuvé par la Chambre qui décida qu'il serait livré à la publicité par son insertion dans les journaux de Rouen.

La presse de Paris et des départements reproduisit tout ou partie de ce rapport. L'attention publique, vivement excitée, valut à la Chambre de nombreuses demandes de renseignements.

Un concours immense de manufacturiers vint visiter les échantillons mis à la disposition du public dans la salle des Archives, palais des Consuls, à Rouen.

Toutes les observations présentées se résumaient ainsi : Les spécimens exposés accusent des résultats excellents correspondant aux recherches proposées par la Chambre, savoir :

« Trouver un textile susceptible d'être manipulé sans difficulté, à l'aide des métiers qui filent et tissent le coton, et en même temps pouvant se prêter aux mêmes opérations de teinture. »

La Chambre de commerce, pour faciliter les essais en grand sur le China-Grass désagrégé, adressa, le 29 février 1864, à MM. Mallard et Bonneau, à Lille, 293 kilogrammes China-Grass brut dont elle avait fait l'acquisition, en priant ces Messieurs de les mettre en œuvre le plus tôt possible.

Le 16 avril 1864, soit six semaines après cet envoi, la Chambre de Rouen récrivit à MM. Mallard et Bonneau pour les prier de hâter l'expédition de leurs 300 kilogrammes China-Grass qu'ils avaient dû désagréger. Au grand regret de la Chambre, le 18 octobre 1864, elle n'avait encore reçu que 100 kilogrammes China-Grass désagrégé sur les 300 qu'elle avait envoyés.

Ces 100 kilogrammes, préparés par MM. Mallard et Bonneau, furent mélangés avec 100 kilogrammes coton de l'Inde, et passés par les apprêts ordinaires de la filature. M. A. Cordier, membre de la Chambre de commerce, lui présenta, le 18 octobre 1864, un rapport sur l'emploi du China-Grass mélangé avec le coton. Ce rapport énonçait : « Le cardage mélangé a seul présenté quelques difficultés. Les légers inconvénients signalés seront faciles à éviter avec un travail continuel. Au métier à filer, l'opération s'est faite convenablement, sans qu'il y eût à signaler aucun défaut majeur.

» Les résultats de la teinture sont bons : le blanc ne laisse rien à désirer ; le noir, le rouge, le cachou, le puce et l'orangé teints à la garancine sont identiques aux mêmes teintes sur coton pur. Le violet savonné est aussi satisfaisant que possible, et enfin le rouge et le rose fond blanc savonnés soutiennent la comparaison pour l'intensité avec les mêmes coloris obtenus sur Louisiane pur ; ils ont même plus d'éclat. »

De ce qui précède, le rapport déduisait les conséquences suivantes :

« 1° Que le China-Grass a une affinité pour les colorants, comparable à celle des meilleurs cotons ;

» 2° Que, par le mélange avec les cotons de qualités inférieures, on obtient une bonne moyenne équivalente, pour la teinture, aux bonnes sortes courantes en coton ;

» 3° Enfin que, par suite, le mélange de China-Grass procure une économie réelle dans les opérations de teinture. »

Ce mémorable rapport fut approuvé par la Chambre, et décision prise que copie en sera adressée à M. le Ministre de l'agriculture, du commerce et des travaux publics ; à MM. Mallard et Bonneau, et aux journaux de la ville, avec invitation à donner toute publicité à ce travail.

Le *Moniteur universel*, dans ses numéros des 1er, 2, 3 et 24 novembre 1864 et du 1er février 1865, inséra de remarquables articles de M. Paul Dalloz, traitant de l'avenir du China-Grass. Une grande publicité était donnée aux travaux de MM. Mallard et Bonneau. Une société se monta à Paris pour l'exploitation de leurs procédés ; mais la baisse subite des cotons, et, avant tout, l'insuffisance des résultats obtenus et le chiffre énorme de l'appel de fonds (3 millions), la fit avorter, malgré l'appui des plus grands noms de Paris et de Rouen qui patronaient cette entreprise.

Pendant que ces expériences se poursuivaient à Rouen par les soins de la Chambre de commerce, d'autres essais étaient tentés à Lille et à Lyon, sous le patronage des Chambres de commerce, qui, pour amener une parfaite unité dans leurs recherches, se mirent en rapport avec celle de Rouen. Je ne connais pas les résultats de tous ces travaux ; il est à croire que rien de parfaitement industriel n'a été produit, puisque le China-Grass n'est pas un produit courant et bien connu dans le commerce. Dans le chapitre troisième, je développerai les causes générales et particulières de ces fâcheux échecs.

Quant à moi, je poursuis activement cette œuvre entreprise depuis un an par mes soins. Le procédé Dupré père, breveté en France et en Angleterre, réunit toutes les conditions d'un emploi industriel. La mise en œuvre du China-Grass est parfaite, et, à l'aide des machines-outils perfectionnées et brevetées que la société A. Thibault et Ce possède, elle peut produire chaque jour un minimum de 300 kilogrammes de matière prête à filer. La question du China-Grass industriel est donc victorieusement résolue et je m'applaudis d'avoir contribué à ce résultat.

Une simple visite faite à l'usine de Nimes convaincra les plus incrédules. Quand ils verront sous leurs yeux rouir, peigner, carder et filer le *China-Grass pur*, ils ne douteront plus qu'un textile qui offre une ténacité supérieure à celle de la fantaisie de soie, un brillant riche, une souplesse et une ténuité extrêmes, ne trouve un immense débouché dans le présent et dans l'avenir.

J'appelle de tous mes vœux la création d'usines de China-Grass en France ; plus il y en aura, plus le produit sera connu et apprécié. Son emploi s'étendra, et l'usine de Nimes ne peut que gagner à cette concurrence d'établissements rivaux.

J'ajouterai que nous sommes prêts à fournir tous renseignements, machines, outils, etc., pour l'installation d'usines similaires de la nôtre.

Nous aurons ainsi la gloire d'avoir été , en France, les importateurs véritables du travail pratique du China-Grass, en enrichissant à la fois l'agriculture et l'industric nationales.

CHAPITRE II.

DU CHINA-GRASS — Son origine — Ses noms — Son acclimatation en France — Son mode de culture, de reproduction, de récolte et son rendement annuel.

L'ortie textile, appelée généralement China-Grass, est originaire de la Chine, où elle est cultivée en grand sur le bord des rivières, de préférence dans les terrains d'alluvion humides. Cette ortie est l'objet d'un commerce assez important dans tout l'orient de l'Asie et les îles de la Sonde ; c'est le chanvre des pays chauds. A Java, où cette culture est fort répandue, les indigènes préfèrent ses fibres à tout autre plante pour fabriquer leurs divers tissus, même les plus grossiers, ainsi que leurs cordages et filets de pêche.

Suivant les pays, son nom change ; elle s'appelle : *Rami* en malais, *Ramch* à Java, *Mâ*, *Tchien-Mâ*, *Setchun-Pao-Mâ* en Chine, *Tijo* au

Japon, *Klum-Koora* au Bengale, *Rhea* en Assam, *Caloee* à Sumatra, *Gambee* aux Célèbes, *China-Grass* ou Herbe de Chine en Angleterre.

L'ortie textile est de la grande famille des urticées. On en distingue deux espèces bien différentes dans leurs formes et leurs propriétés, qui sont : l'ortie argentée (*urtica nivea*) et l'ortie utile (*urtica utilis*). Cette dernière est de beaucoup préférable pour l'industrie textile.

L'*urtica utilis* (*bœhmeria utilis* de Blum, *urtica tenacissima* de Roxburg) est une plante vivace qui dure de douze à quinze ans. Sa tige est droite, devenant facilement ligneuse sous les climats où la gelée n'arrête pas sa végétation, et se revêtant d'une écorce brune un peu rude. Les feuilles sont alternes, longuement pétiolées, cordiformes, bordées de grosses dents de scie ; elles portent trois nervures, dont les deux latérales sont marginales dans leur partie inférieure ; elles sont couvertes en dessous de poils abondants et grisâtres ; elle offre une grande analogie avec la grande ortie indigène, seulement les feuilles ne sont pas hérissées de piquants. Les tiges, nombreuses et vigoureuses, forment une touffe régulière, assez agréable à l'œil, qui se repose avec plaisir sur le mélange des nuances produit par le dessus et le dessous des feuilles : le dessus est d'un beau vert, quelquefois même très foncé ; la partie de dessous, grisâtre ou blanchâtre, suivant l'espèce, est toujours cotonneuse.

L'*urtica utilis* est originaire des Indes orientales.

L'*urtica nivea* est la véritable ortie de Chine ; elle n'est pas vivace et n'offre pas les mêmes avantages que l *utilis*. Ses feuilles sont tout à fait blanches en dessous (d'où son nom de *nivea*), la tige est plus forte que celle de l'*utilis* ; aussi la filasse est-elle plus grossière : son rendement est beaucoup inférieur à celui de sa congénère.

Depuis longtemps et en divers lieux, la culture de l'ortie textile a été tentée et a donné de bons résultats. Le manque de débouchés a seul arrêté l'essor de cette nouvelle conquête agricole.

On a vu, au chapitre premier, que c'est en 1844 que la plante de l'ortie textile fut, pour la première fois, introduite en France. M. Leclancher, chirurgien de la corvette *la Favorite*, envoya des graines au Muséum d'histoire naturelle, à Paris. M. Decaisne fit des essais de culture, à la suite desquels il publia un intéressant mémoire qui excita vivement l'attention publique.

En Belgique, cette plante est cultivée, depuis plusieurs années, dans le jardin de l'établissement scientifique de Melle-lès-Gand. M. Bernardin, professeur de sciences et conservateur du Musée commercial de cette institution, adressa, le 5 novembre 1864, à la Chambre de commerce de Rouen, un échantillon de fibres d'ortie textile, avec une notice sur ses collections.

M. Edouard Nicolle, propriétaire à Midevale (île de Jersey), pratique depuis longtemps avec succès la culture de l'ortie textile. Cet honorable agronome est persuadé que le China-Grass réussira parfaitement dans le Midi, et il est prêt à entrer en rapport avec tous ceux qui entreprendront la culture en grand de l'ortie textile.

A l'Exposition universelle de Londres (1851), figuraient des produits fabriqués avec la filasse d'ortie utile récoltée en Angleterre.

L'Algérie depuis longtemps en possède : dès 1854, à l'exposition du Musée algérien, à Paris, on voyait de beaux échantillons de ce textile. M. A. Chevalié, d'Alger, écrivait, le 15 novembre 1864, à MM. Mallard et Bonneau, à Lille, leur offrant de cultiver le China-Grass en grand en Algérie, en leur procurant ainsi la matière première sans embarras et à un prix convenable :

« L'Algérie est, disait-il, en position de fournir cette plante sur une grande échelle ; aussitôt que le débouché en sera assuré, les colons n'hésiteront pas à en semer et planter, pourvu toutefois que le prix soit suffisamment rémunérateur. »

Cette offre ne put être acceptée, MM. Mallard et Bonneau, après leur échec de Rouen, ne voulant pas se charger inutilement de China-Grass qu'ils ne pouvaient préparer.

Des diverses expériences d'acclimatation du China-Grass en France, il résulte clairement : 1° que, dans le Nord, cette culture en grand n'a donné que de mauvais résultats : la plante souffre et périt, parfois, dans les hivers rigoureux ; de plus, elle ne peut amener de graines à maturité ; 2° dans l'Ouest et le Midi, au contraire, toutes les conditions de sol et de climat se réunissent pour favoriser la culture du China-Grass, et ses graines y mûrissent très facilement ; 3° le bassin de la Méditerranée est, particulièrement, dans d'excellentes conditions pour développer la production de cette plante.

Cette question de l'acclimatation étant résolue par avance, il me reste à indiquer les soins à donner à la plante.

Tout d'abord, comment débuter dans la culture du China-Grass ? Faut-il semer ? Ou bien trouve-t-on sur place des plants pour repiquer dans les terres à ce destinées ? Y a-t-il un autre mode de plantation ? Et enfin à qui doivent s'adresser les agriculteurs pour se procurer de la graine ou des plants ?

A ces diverses questions qui sont déjà posées par les intéressés, je répondrai : En général, il vaut mieux repiquer les plants que semer la graine, la récolte est bien plus prompte; seulement la quantité de plants disponibles n'est pas encore très considérable, et pour une grande exploitation, il sera plus économique de semer la graine du China-Grass et de transplanter ensuite les jeunes pieds.

La société A. Thibault et Ce, absorbée par l'installation de son usine, n'a pu songer à acheter soit des graines, soit des plants de China-Grass. Elle n'a point pour cela laissé échapper cette chance de réussite, et s'est entendue avec M. Bouzanquet, de Nimes, qui s'est spécialement chargé de faire venir des graines et des plants de China-Grass. En faisant une demande à M. Bouzanquet, rue du Mûrier-d'Espagne, 18, on recevra des graines ou des plants.

S. Exc. M. le Ministre de l'agriculture, du commerce et des travaux publics, que la question du China-Grass intéresse à bon droit, doit recevoir du pays d'origine une notable quantité de graines de cette plante. Ces graines seront distribuées à tous les agriculteurs qui voudront en faire l'essai. Il est à regretter que ces graines ne soient pas encore arrivées : le temps des semailles sera bientôt passé.

Le directeur du Jardin d'acclimatation d'Alger, l'honorable M. Hardy, expédie à tous ceux qui lui en font la demande, soit des graines, soit des plants de China-Grass.

Il faut environ 300 grammes de graines pour 1 hectare, ou 40,000 pieds, si le China-Grass est transplanté.

Cette année, les plantes devront être conservées en certaine quantité pour grainer, et, l'année prochaine, de vastes terrains pourront être ainsi complantés en ortie de Chine.

Cette plante (*urtica utilis*) est vivace, sa durée moyenne est de douze ans. Sous un climat doux, et avec des soins, elle pourra être conservée pendant quinze ans.

Elle se reproduit très facilement par graines, éclats de pied, boutures ou marcottes.

Il faut semer les graines dans un terrain bien meuble et convenablement fumé. Les terres douces et légères sont préférables. Les semailles doivent avoir lieu du 15 février au 15 mars. Lorsque le terrain est préparé, on y projette les graines, soit à la volée, soit dans de petits sillons, et l'on a soin de recouvrir très peu, car la graine est fort petite : elle ressemble à la graine du tabac.

Les semis ainsi établis sont recouverts de châssis pour activer la végétation et entretenir une chaleur douce et uniforme très favorable à la germination : un simple papier huilé suffit.

Lorsque la graine est levée, on enlève les châssis, en suivant les précautions usitées en semblable cas, et l'on entretient une légère humidité au sol. La jeune plante se développe rapidement, et, trois mois après l'époque des semailles, elle est assez robuste pour supporter la transplantation, qui a lieu comme suit :

Les terres doivent avoir été convenablement fumées et labourées. Quelque temps avant la transplantation, on donne un nouveau labour, et l'on dresse le sol en petits sillons. Le China-Grass est repiqué sur le revers du fossé produit, en écartant les pieds de 50 centimètres l'un de l'autre ; le minimum d'écartement doit être 30 centimètres.

Ces plants donnent naissance à une foule de tigelles formant des touffes très gracieuses, et qui, dès la troisième année, se touchent entièrement. Les soins à donner à la plante sont de nombreux binages pendant l'été, pour entretenir le terrain dans un état d'aération et de fraîcheur suffisant; de fréquents arrosages, surtout avec des eaux bien attiédies par le soleil. On pourrait pour cela disposer un réservoir de peu de profondeur, où l'eau se mettrait facilement à la température de l'air ambiant. Au moyen de canaux traversant chaque sillon verticalement, cette eau se répandrait partout presque instantanément.

L'expérience sera le meilleur guide à suivre pour les perfectionnements à introduire dans la culture en grand de l'ortie textile.

Dans les départements méridionaux, il y aura deux coupes par an, quelquefois trois, si le terrain est bien fumé, fertile et bien arrosé. Les tiges devront être coupées avec le plus grand soin, pour éviter d'arracher ou même d'ébranler le pied. Ce travail pourra se faire à la faux ou à la faucille. Au fur et à mesure qu'on coupera les tiges, on aura soin de les maintenir debout en formant deux rangées inclinées, appuyées l'une contre l'autre par le haut, et imitant à peu près une espèce de toit aigu. Les tiges sécheront en quelque jours et pourront être ainsi livrées aux usines spéciales pour le rouissage, que la société A. Thibault et Ce montera partout où besoin sera, pour éviter le transport inutile de la partie ligneuse des tiges jusqu'à l'usine centrale de Nimes. Le bois, ainsi séparé de la filasse, retournera au champ qui l'aura produit, comme engrais, soit après combustion, soit après pourriture dans une fosse. La terre retrouvera alors une grande partie des sels dont la végétation l'avait privée.

Les données les plus certaines pour le rendement sont de 10 à 12,000 kilogrammes de tiges sèches par hectare. En plein rapport, c'est à-dire dès la troisième année, le rendement pourra atteindre 15,000 kilogrammes. Une question très importante pour l'agriculteur est celle de la vente de ses récoltes, et l'obtention d'un bon prix. Toute préoccupation doit disparaître à ce sujet. M. Bouzanquet, en fournissant les graines et les plants de China-Grass, s'engage avec les cultivateurs à leur acheter leurs récoltes, pendant plusieurs années, à un prix qui sera toujours supérieur de 2 frans par 100 kilogrammes au prix courant de la luzerne.

A ce prix déjà si avantageux et certain, viendra s'adjoindre la vente des feuilles, qui serviront pour la fabrication de la pâte à papier.

Les cultivateurs et propriétaires ruraux ne laisseront pas échapper une si belle occasion de réparer en partie les pertes causées par l'avilissement du prix de certains produits, tels que le blé, la garance, etc. Ils cultiveront l'ortie de Chine, qui sera peut-être pour les départements méridionaux ce qu'est la betterave à sucre dans le nord de la France et en Belgique.

La consommation de l'ortie en tiges sera infinie, de tous côtés des usines s'élevant pour préparer et filer cette précieuse matière textile.

Que les riches propriétaires donnent l'exemple (déjà les demandes sont très nombreuses), et, de toutes parts, une plante encore inconnue hier fera son apparition sur le marché, après avoir facilité l'emploi de vastes terrains jusqu'à ce jour inoccupés.

CHAPITRE III.

Travail industriel du CHINA-GRASS — Rouissage et blanchiment — Filage pur ou mélangé — Qualités particulières, etc.

Toutes les plantes textiles qui servent à l'industrie du tissage subissent une première opération appelée rouissage, qui a pour but la destruction des matières étrangères à la fibre textile. On a employé beaucoup de méthodes pour arriver à ce but. On peut les classer en trois catégories, comme suit :

1° Rouissages par l'eau pure, courante ou stagnante, par la rosée et la neige ;

2° Rouissages mécaniques ;

3° Rouissages chimiques.

La première catégorie comprend les systèmes les plus usités, mais aussi les plus imparfaits et les plus dangereux.

Tous les pays producteurs où s'opèrent ces rouissages sont fiévreux, les rivières peu importantes sont empoisonnées, les poissons meurent, et le bétail qui boit de cette eau tombe souvent mortellement malade. Ces inconvénients hygiéniques ont frappé l'attention du gouvernement, et nombre d'arrêtés préfectoraux sont venus réglementer le rouissage en localisant dans certaines rivières ou routoirs éloignés des centres d'habitation cette fétide manipulation. Un seul moyen existe de couper radicalement court aux suites funestes du rouissage généralement usité : c'est de le supprimer. Mais le gouvernement se trouve en présence de la routine et du mauvais vouloir des petits cultivateurs : comment leur imposer un choix dans des systèmes brevetés pour la plupart et exigeant tous sans distinction des appareils qu'une ferme de peu d'importance ne peut acquérir ? Nous-mêmes avons un système de rouissage chimique, opérant en quinze minutes, sans aucune odeur, et permettant le teillage mouillé, ce qui supprime la poussière, on ne peut plus nuisible à la santé des teilleurs au sec. Tous ces avantages ne peuvent déterminer le petit cultivateur à l'adopter. L'ancien système ne lui coûte rien qu'un peu de main-d'œuvre ; la nature opère pour lui, et la plante une fois rouie est emmaganisée et se travaille pendant les longues veillées d'hiver.

Le rouissage mécanique s'opère sous deux influences : l'échauffement produit par le frottement, et la division mécanique des fibres facilitée pendant l'opération par des injections de vapeur d'eau dans l'appareil. Ces systèmes dégagent également tous des exhalaisons les uns de fermentation alcoolique, les autres de fermentation d'acide. Le produit est inférieur et les cordages ou tissus fabriqués avec des textiles rouis mécaniquement s'altèrent très vite ; la matière résineuse, n'étant pas complètement détruite, s'oxyde à l'air, et la fermentation qui se produit alors attaque profondément les fibres. Des lavages au savon, renouvelés plusieurs fois, peuvent remédier à cette altération ; le tissu devient creux, le savon dissolvant le principe fermentescible. La teinture est également plus difficile et les nuances ne sont jamais bien homogènes ni bien nettes.

Je ferai remarquer, en passant, que le linge de ménage (de corps ou de table) s'use très vite lorsqu'on le conserve longtemps dans les armoires sans le laver : il se coupe aux plis, devient creux, jaunit et ne dure plus à l'usage. Une lessive trimestrielle est nécessaire pour assurer la parfaite conservation et la blancheur de la toile, soit de lin, ou de chanvre, ou de tout autre plante textile qui n'aurait pas subi le rouissage chimique.

Ce dernier système est le plus avantageux, seulement il demande beaucoup de précautions et de savoir-faire pour ne pas altérer la fibre textile.

Comme l'art du blanchiment par les chlorures alcalins, le rouissage chimique opère avec des menstrues dont le titre doit être convenablement déterminé. Il en est de même du temps nécessaire à l'opération : souvent, pour vouloir aller trop vite, on brûle ou on durcit la partie fine de la filasse qui ne donne plus qu'un mauvais coton sans aucune ténacité.

Après le rouissage vient le teillage, opération qui consiste à détacher la partie ligneuse de la filasse. Les fibres textiles, débarrassées du ligneux, sont réunies en petites bottes et livrées au commerce.

Les ennuis et dépenses résultant du rouissage et du teillage seront, en partie, évités par le China-Grass. La Société *A. Thibault et Cie* achètera la plante privée de ses feuilles et simplement séchée sur le champ, pour éviter l'échauffement pendant le transport à leur usine de rouissage.

Le China-Grass que l'on reçoit de Chine ou des Indes se présente sous la forme d'une filasse grossière, mal préparée et de couleur blonde ou verdâtre, selon qualité et provenance.

En cet état, il n'est pas utilisable dans l'industrie textile ; on l'a quelquefois employé pour faire de grosses cordes ou des câbles. Le gommo-résineux qui enlace encore les fibres amène, en peu de temps, sous l'influence de l'humidité, une fermentation très nuisible. Cette circonstance et le prix élevé de la matière ont fait rechercher un nouvel emploi du China-Grass.

Cette filasse grossière, traitée par des agents chimiques et mécaniques convenables, donne des produits magnifiques dont l'utilité a été constatée officiellement par les remarquables rapports des Chambres de commerce de Rouen, de Lille et de Lyon.

Comment expliquer que l'industrie du China-Grass soit encore dans l'enfance et qu'une matière aussi riche ne soit élaborée en grand que dans la seule usine de Nimes ?

Les causes de cette indifférence sont multiples ; une des principales, c'est la routine avec son escorte de préjugés. Le public, en général, est si indisposé contre tout ce qui s'appelle nouveauté, si rebuté de systèmes et de projets, qu'il n'est guère facile de lui rien présenter sans subir son premier mouvement : on est condamné sans être entendu.

Une découverte, si belle qu'elle soit, trouve toujours des indifférents et même des adversaires. Ses partisans ont beau faire, les meilleures raisons ne peuvent vaincre les préjugés ; il n'y a que le seul intérêt immédiat capable d'en triompher.

Parmi les causes qui ont paralysé les efforts des intéressés dans l'installation d'une usine de China-Grass, on peut signaler les suivantes :

1° Etude mal faite des propriétés du China-Grass et mauvais emploi de ses produits ;

2° Mauvaises préparations ;

3° Défectuosité des machines-outils ;

4° Impossibilité de faire des essais sérieux faute de fonds, d'ateliers spéciaux ou d'industriels se chargeant de produire une série d'échantillons filés, tissés, unis ou façonnés et teints, destinés à convaincre les adversaires de toute nouvelle opération.

Je vais successivement examiner ces causes en les développant.

1° *Etude mal faite des propriétés du China-Grass et mauvais emploi de ses produits.*

Chaque plante textile a ses qualités et ses défauts propres qui la distinguent de ses congénères même les plus proches. Vouloir violenter la nature en assimilant, quand même, un textile à un autre, est une grosse faute. La nature, dans sa sagesse, a établi une gradation dans les textiles ; les plus communs ont des qualités que les plus estimés n'égalent même pas. C'est ainsi que le jute bien préparé est, de tous les végétaux textiles, celui qui offre le plus d'avantages dans le mélange des laines. Le lin ne saurait suppléer le chanvre dans tous ses emplois, et *vice versâ*, en admettant la parité des prix de la matière première. La fibre ou filasse de tous les textiles à tiges (China-Grass, lin, chanvre, etc.) offre deux produits entièrement distincts : le brin et l'étoupe ; les confondre dans une même manipulation, c'est s'exposer à échouer complètement dans les diverses préparations et opérations de la filature ; en outre, la valeur du produit est considérablement diminuée, en ne retirant pas le brin, dont le prix de vente est toujours, au minimum, double de celui de l'étoupe.

La crise cotonnière a porté les investigations des intéressés sur la découverte d'un substitut du coton. Le China-Grass a été cotonnisé, ou, pour mieux dire, on a voulu le cotonniser. MM. Mallard et Bonneau en ont adressé de beaux spécimens à la Chambre de commerce de Rouen. Sous l'empire des besoins pressants, et à la vue des nombreux ouvriers sans travail, il y eut un véritable enthousiasme, qui dura peu. Les réflexions vinrent attiédir les partisans de la cotonnisation. Les nombreux défauts constatés dans les premières expériences ne disparurent pas à l'emploi en grand, comme on l'avait espéré, et l'indifférence succéda tout aussitôt à l'enthousiasme produit à l'annonce des résultats obtenus par MM. Mallard et Bonneau. Aussi, l'année dernière, ces Messieurs ne purent réussir à monter à Rouen une société pour l'exploitation de leur brevet, le *China Grass cotonnisé* ne pouvant s'employer qu'accidentellement et en mélange sur les machines de la région rouennaise.

Les défauts de toute cotonnisation d'une matière textile, sont : l'*énervement* et la *friabilité* de la matière, *produits par les agents nécessaires à l'obtention de la grande divisibilité;* inégalité considérable des longueurs et des finesses des fibres ; faible élasticité amoindrie souvent par la présence de nœuds ou de grosseurs.

A l'usine de Nimes, on ne *cotonnise pas*. Le brin du China-Grass, convenablement cardé, est extrait dans toute sa longueur. Les étoupes produites par le cardage, raffinage, forment seules un équivalent du coton. Ces étoupes sont de longueur régulière (7 à 9 centimètres) et se filent parfaitement pures sur les métiers à coton, à laine et à fantaisies courte-soie.

2° *Mauvaises préparations.*

Peu de chose à dire sur cette deuxième cause. Une préparation mal faite peut amener des résultats bien différents, l'excès donne des produits brûlés sans aucune ténacité formant beaucoup de vole ou déchet à la manipulation. Le défaut d'apprêt ne fournit que des fibres mal désagrégées, bonnes tout au plus à faire des cordes.

L'emploi de filasses dans ces conditions serait impossible, et c'est là le point capital de la question du China-Grass industriel.

3° *Défectuosité des machines-outils.*

Point non moins important, et cause de nombreux insuccès, les machines-outils doivent être appropriées au travail du China-Grass. On ne saurait peigner du coton courte-soie avec les peigneuses à laine ou à déchets de cocons. Ce qui doit régler l'ouvrier dans la construction de ses machines, c'est la longueur moyenne des filaments à élaborer. Il faut donc pouvoir les modifier à volonté, et établir une gradation raisonnée dans le travail.

4° *Impossibilité de faire des essais sérieux.*

Cette dernière cause a paralysé l'essor de bien des découvertes utiles : celle du China-Grass s'en est cruellement sentie.

Il est facile de rouir et blanchir le China-Grass brut, et d'en préparer de notables quantités sur un simple fourneau de cuisine ou autre ;

mais il faut ensuite peigner, carder, raffiner, mettre en rubans, étirer, filer, teindre, tisser, apprêter l'étoffe, etc. Ces opérations diverses exigent des machines et le recours à plusieurs industriels : peigneurs, cardeurs, filateurs, tisseurs, teinturiers, apprêteurs, etc. Si une seule machine vous manque, ou qu'un industriel jaloux vous refuse son concours, plus d'échantillons complets, et les objections arrivent de toutes parts : barrière souvent insurmontable, vous luttez contre l'indifférence qui vous oppose toujours l'opération que vous n'avez pu pratiquer faute d'outils ou par mauvais vouloir de vos futurs rivaux. Le manque de puissants capitaux a souvent arrêté les inventeurs dans le développement de leur industrie. Les coffres-forts s'ouvrent lentement devant de simples espérances, pour certaines qu'elles soient, et, faute de moyens d'action, on ne peut convaincre ses adversaires.

Qu'on me permette ici de donner un témoignage public de reconnaissance, tant en mon nom qu'au nom de mes associés, à toutes les personnes qui ont favorisé nos débuts : M. Edmond Troupel, propriétaire de notre usine, en nous prêtant son matériel pour nos essais ; MM. Flaissier, en faisant filer, pur et mélangé de laine, notre produit peigné, cardé, et M. Chrétien, en nous patronant de sa grande influence sur les principaux industriels du nord de la France.

Malgré tous les résultats obtenus, l'appui du gouvernement et l'adhésion des chambres de commerce, l'emploi du China-Grass soulève encore de nombreuses objections, qui se fondent principalement sur le prix de la matière première, la qualité du produit, son filage, sa teinture et son acceptation dans le commerce.

Je vais essayer de réfuter successivement ces objections.

1° *Prise de la matière brute.*— En ce moment, la matière première est chère ; elle vaut, à Londres, de 85 à 95 livres sterling la tonne de 1,015 kilogrammes. Les premières importations de cette fibre en Angleterre furent payées 3,000 fr. la tonne ; son prix le plus bas a été 60 fr. les 100 kilogrammes. La moyenne de ces prix est de 125 fr. les 100 kilogrammes.

Prenant pour base ce prix de 125 fr. les 100 kilogrammes, chiffre élevé lorsque la plante sera cultivée en France, on trouve que 100 kilogrammes China-Grass, prêt à entrer aux opérations préliminaires de la filature, coûtent 245 fr. environ comme suit :

100 kilogrammes matière brute	125 fr.	00 c.
Déchet au rouissage, 30 % ...	36	50
Frais de désagrégation et blanchiment..............	8	50
donnent 70 kilogrammes matière rouie coûtant................	170 fr.	00 c.

soit, pour les 100 kilogrammes, 243 fr.

Si l'on compare ce prix avec celui d'autres textiles, on trouve que la différence en faveur du China-Grass est trop sensible pour que l'économie réalisée par son emploi ne le fasse admettre bientôt dans l'industrie.

NOMS.	PRIX du kilogramme. Cote du 2 mars 1866.	Moyenne des déchets aux opérations précédant le 1er cardage.	PRIX RÉEL avant cardage.	DIFFÉRENCE en faveur du China-Grass.
China-Grass roui et blanchi.........	2 45	»	2 45	»
Coton Lan-Middling Louisiane........	4 40	10 %	4 85	+ 2 40
» Souboujeac....................	5 40	8 %	5 85	+ 3 40
» Jumel	5 90	8 %	6 40	+ 3 95
Lin fin...........................	2 20	20 %	3 00	+ 0 60
Cocons............................	25 00	30 %	32 50	+ 30 06

2° *Qualité.*— Le China-Gras, par ses qualités, est un produit intermédiaire entre les frisons de soie et le lin. Sa ténacité est supérieure à celle du frison, lorsque la fibre a été bien traitée. Il est de beaucoup supérieur au lin en longueur, solidité et beauté. On obtient facilement des brins de China-Grass ayant 1m50 de longueur; ce travail serait toutefois peu pratique. Les barbes premières ont de 0m45 à 0m50. Sa grande ténacité le fera rechercher pour les chaînes, surtout dans les articles nouveautés et fantaisies; mélangé, il fera de superbes étoffes d'ameublement, surtout en trame, son poids spécifique étant propice pour cette spécialité qui demande beaucoup de main, de brillant et de lourdeur.

Pour le linge de table, son brillant éclat, soit écru ou blanchi, produira des effets remarquables dans les tissus façonnés.

3° *Filage.* — Le China-Grass se file très bien pur : le brin sur les métiers dit longue soie, l'étoupe sur les métiers à coton dits courte soie. Les préparations sont identiquement les mêmes que pour la fantaisie de soie ou le coton. Il se file également bien en mélange avec la laine, le coton et la soie, dans la proportion de 50 °/₀ et au dessous.

4° *Teinture.* — Les résultats officiels obtenus à Rouen détruisent cette objection. Le China-

Grass est, de tous les textiles, celui qui a le plus d'affinité pour les matières colorantes.

Dans les mélanges de laine ou de soie, le teinturier apprêteur devra prendre les précautions usitées en semblable cas ; ce n'est qu'une simple question de mordançage convenablement appliqué.

5° *Acceptation des produits dans le commerce.* — Une matière aussi riche ne saurait éprouver de difficulté pour son placement. Parmi ses nombreux emplois, je citerai les suivants :

PUR :

Passementerie ;
Etirages de fils d'or ou d'argent ;
Cordonnets, lacets et soutaches ;
Linge de table et de corps ;
Mousseline unie et brochée ;
Dentelles.

MÉLANGÉ DE COTON :

Perses pour ameublements ;
Fantaisies d'été ;
Coutils et treillis pour pantalons ;
Cotonnades de ménage, bas ou tricots.

MÉLANGÉ DE LAINE :

Tapis et moquettes ;
Etoffes d'ameublements ;
Stoffs, reps ;

Draps d'été nouveauté ;
Robes nouveauté ;
Tricots divers.

MÉLANGÉ DE LAINE ET POILS DIVERS :

Orléans ;
Alpaga ;
Linos, etc.

MÉLANGÉ DE FANTAISIE DE SOIE :

Damas pour meubles ;
Crêpes unis ou façonnés ;
Foulards riches, soies brochées, etc.

MÉLANGES DIVERS :

Couvertures tissées ou feutrées ;
Chapellerie ;
Articles de Strasbourg.

Que chaque industriel, filateur ou tisseur, fasse donc ses essais, sérieusement et sans parti pris ; qu'il ne rebute le China-Grass qu'à bon escient. Il y a peut-être là le germe d'une rénovation profonde dans la fabrication des étoffes.

Heureux sera celui qui aura pu en profiter ; la vogue une fois acquise, les industriels lancés dans l'emploi du China-Grass réaliseront de sérieux bénéfices, tout en vendant meilleur et meilleur marché !

CHAPITRE IV.

DU JUTE — Lin du Japon et autres textiles qui peuvent être employées à la fabrication des tissus.

I — JUTE.

On désigne dans le commerce sous le nom de jute, les fibres de plusieurs plantes originaires de l'Inde, qui sont :

Le *Corchorus* (*ganja-rami* chinois);

L'*Hibiscus canna binus*;

Le *Crotolaria Juncea ou Suun.*

La première de ces plantes est la plus répandue. Les feuilles servent d'aliment aux naturels de l'Inde, de l'Egypte, de l'Arabie et de la Palestine. Les tiges fournissent des fibres employées dans le pays pour la confection de toiles grossières appelées *gunny* dans l'Inde, et en France par corruption *gonits*. On désigne principalement sous ce nom les sacs (*gunny-bags*) qui servent à l'exportation du sucre, du riz, du café et autres denrées, ainsi qu'aux emballages de coton.

4

La toile grossière de *Corchorus* se nomme au Bengale *megila-choute*. Ce dernier nom, traduit par jute, a servi à désigner la fibre textile elle-même.

Cette plante atteint aux Indes un immense développement. Chaque année, les tiges s'élèvent de 2m50 à 3m hauteur sur 0m015 à 0m023 diamètre.

Elle s'altère facilement à l'eau ; dans une étoffe mélangée de jute, on peut reconnaître la fraude en soumettant le tissu à l'action de la vapeur à haute pression : un simple lavage suffit pour séparer le jute qui se trouve presque détruit.

On est parvenu, en soumettant le jute au rouissage chimique, à produire une espèce de laine végétale très propre au mélange de laine. On en fabrique des draps grossiers pour l'habillement des troupes, des étoffes mélangées pour l'article fantaisie, et les tissus produits ont toute l'apparence du drap pur laine. L'usage même n'a pu prouver que ce drap fût inférieur comme durée, malgré le bas prix auquel on pouvait le livrer.

L'emploi du jute peut fournir d'utiles applications pour les classes pauvres. Il est donc bon de les signaler au point de vue de l'hygiène et de l'économie.

En Angleterre, le jute se consomme en grand,

et cette fibre, convenablement transformée, s'appelle *flax-cotton*. Son blanchiment offre seul quelque difficulté, on y arrive par un procédé dit de distension.

II — LIN DU JAPON.

Cette plante, originaire, comme son nom l'indique, du Japon, arrive en Europe sous la forme de lacets brillants, longs de plusieurs mètres. C'est le plus tenace entre les textiles; il est plus fort, selon l'expression usuelle, que la soie; son travail exige beaucoup de précautions et le blanchiment surtout est difficile. Peigné, cardé, raffiné, il ressemble à la belle soie grége. Il est regrettable que son prix élevé (3 fr. 50 le kilogramme), restreigne son emploi aux objets de luxe. La consommation de ménage aurait trouvé sans cela un tissu éminemment solide, léger, brillant et du plus riche éclat.

III — TILLEUL.

L'écorce de tilleul est employée en Russie pour faire des nattes et des cordes; en la traitant convenablement, on en retire de belle filasse qui ressemble au jute indien et est propre aux mêmes usages.

IV — MURIER.

M. Brès, de Marseille, est parvenu, dit-il, à

faire de belle filasse avec l'écorce du mûrier. Sa découverte, déjà ancienne, puisqu'elle remonte à l'année 1860, paraît devoir prendre peu d'extension ; je ne connais aucun établissement monté pour la mise en œuvre de son brevet. L'écorce du mûrier est une matière ingrate, rebelle à la désagrégation qui est toujours imparfaite ; le travail de triage et épluchage est fort long et dispendieux : la filasse ainsi produite est irrégulière et pleine de filaments ou poils morts.

V — AUTRES PLANTES.

Je ne dirai rien des autres plantes textiles. Plusieurs obstacles s'opposent à leur emploi industriel : leur rareté, leur peu de rendement et la difficulté du traitement.

Comme on peut le voir, le nombre des textiles employés dans l'industrie est fort limité.

Produits animaux : Soie, Laine, Poil de chèvre, Poil de chameau, Yach, Alpaga.

Végétaux: Coton, Lin, Chanvre, Jute, China-Grass, etc.

Le champ des investigations est ouvert. Déjà les fibres des asclépiadées sont signalées comme donnant un excellent produit. Peu à peu, de nouvelles conquêtes pacifiques viendront enrichir l'industrie textile, qui trouvera, par l'acclimatation et l'appropriation de plantes convenables, un puissant aliment de consommation. Puissent ainsi être conjurés, à tout jamais, les sinistres effets de la dernière crise cotonnière !

TABLE DES MATIÈRES

BIBLIOGRAPHIE

Sources et Ouvrages à consulter :

PAUL DALLOZ. — *Moniteur universel,* 1864 et 1865.

CHAMBRE DE COMMERCE DE ROUEN. — *Le China-Grass ;* documents sur cette question. — Rouen, 1865.

L. FIGUIER. — *Année scientifique et industrielle* (neuvième et dizième années).

J. MASSE. — *Traitement industriel des plantes filamenteuses.* — Lille, 1864.

ALCAN. — *Traité de filature.* — Paris, 1864.

STANISLAS JULIEN. — *Le Rami chinois ou Ortie de Siam,* d'après des documents originaux. — Paris, 1862.

REPORTS. — *Of the Juries.* — London, 1852.

www.ingramcontent.com/pod-product-compliance
Ingram Content Group UK Ltd.
Pitfield, Milton Keynes, MK11 3LW, UK
UKHW020436180726
13839UKWH00004B/1509

9 782329 342641